クロード・レヴィ＝ストロース

神話と意味

大橋保夫訳

みすず書房

MYTH AND MEANING

2nd Edition

by

Claude Lévi-Strauss

First published by University of Toronto Press, Toronto, 1978

序

むかしクロード・レヴィ＝ストロースがカリフォルニアのバークレイに来たときのことである。彼はホスト役の友人を大衆レストランに連れていった。空席を待つ人が列を作っていた。ウエイティング・リストに書くために、案内係の女性がこの高名な人類学者に名を尋ねた。答えを聞くと、彼女はびっくりして目を大きくして言った。「まあ！　人類学者の？　それともジーンズの？」(1) レヴィ＝ストロースはいつも二人いる。人間はすべてのものを二分する傾向があると説いてきた人にふさわしい運命である。両者ともに人類学者だが、異なる種類の人類学者なのである。

かつてウッディ・アレンが描いた空想の動物のように、レヴィ＝ストロースはライオンの頭とライオンの体をもっている。しかしそれは同じライオンではない。[2]

（1）　これは口承伝説で、その起源は時間の闇に隠されている。人類学者のレヴィ＝ストロースは、実際にジーンズのリーヴァイ＝ストラウスと関係がある。私はそのことを、『親族の基本構造』（一九四九）でレヴィ＝ストロースが好んで用いる三角や四角のたくさんある血縁図の一つを使って説明することができた。

（2）　Woody Allen, "Fabulous Tales and Mythical Beasts," in *Without Feathers* (New York, 1976).

クロード・レヴィ＝ストロースは一九〇八年に生まれ、一九五九年からフランスの最高学府コレージュ・ド・フランスの人類学の教授（現在は名誉教授）をつとめており、構造人類学の創始者としてもっともよく知られている。この体系は、一九五八年に刊行され、そのものずばりの題名をもつ『構造人類学』に収められている一連の論文ではじめて展開された。この論集およびそれにつづく諸著作でレヴィ＝ストロースは、神話はすべて、自然が与える混沌たる事実に知的意味を与えようとする弁証法の試みであるとし、またこの試みは、不可避的に人間の想像力を二項対立の網にとらえてしまうと論じている。二項対立（たとえば〝男／女〟）は緊張を作り出し、その緊張は媒介項（たとえば〝両性具有者〟）を使って解決されると考えられる。ところがその新しい項が、新しい二項対立（たとえば〝両性具有／無性〟）の一項に転じ、その過程が無限につづく、というのである。

神話は言語の一形態である。言語自体が、実際には一体のものであるかもしれない与件の上に弁証法や二分法や二元グリッドを重ねることで、われわれに、自分自身とわれわれの世界を理解しようと試みるようにしむける。そして言語の下には、脳の二分法的性質がある。右と左、善と悪、生と死――これらは、右脳と左脳に分かれ、二つの目、二つの手をコントロールするわれわれの脳からくる不可避的二項対立なのである。われわれは、文字どおり本性から、被造物を分割し、データを単なるデジタル・マシンのように組織する。われわれの共通感覚は二分的である。経験を処理するもっとも簡単でもっとも有効な方法は、それを半分に分割し、それぞれをさらに半分ずつに割り、イエスかノーかの二つの答えしかないようにしてあらゆる問題を組み直すことである。

このような分析の結果として出る要素をレヴィ＝ストロースは「神話素」と呼ぶ。これは、同僚だった言語学者ローマン・ヤコブソンが、単語を構成する有意の音声の最終不可分構成要素を「音素」と呼ぶのに対応している。神話は、しじゅう使われるすべてのものと同様に、壊れてまたくっつけられたり、失われてまた見つけ出されたりする。それを見つけ出し、くっつけて再使用するなんでも屋をレヴィ＝ストロースは bricoleur「器用人」と呼ぶ。この用語は英語を話す人びとのあいだでも有名になったが、英国人が rag-and-bone man と呼びならわしているものにあたる。神話素は詩人ウイリアム・バトラー・イエイツが『サーカスの動物たち』で「こころの屑屋」と呼んでいる所で作られる。物語のエコロジーでは、リサイクリングはとても古いやり方なのである。物語はどれも、こうした屑を利用する。そして、廃物はそれぞれ自分の生活史をもち、それを物語のなかにもちこむのだ。

レヴィ＝ストロースは神話についての彼のこの考え方を、*Mythologiques*『神話論』のタイトルで一九六四年から七一年にかけて出版された四巻の著作の中で展開している。この本はのちに *Introduction to a Science of Mythology*『神話学序説』の名で英訳されたが、出版社がつけたこの英語のタイトルはよくない。レヴィ＝ストロースが私に語ったことがあるが、この英訳のタイトルは、彼が自分を科学者のように考えていて、神話の基礎として彼が出した定式が、神話解釈のあらゆる問題に自動的に答えを与える一種の解読格子（グリッド）であるかのような印象を定着させたからである。*

＊（訳注）レヴィ＝ストロースは訳者に、このタイトルはウェルギリウスの *Georgica*（仏訳 *Géorgiques*）『農耕詩集』に倣ったものだと語ったことがある。これに倣えば、音楽の比喩を基礎にしている著作だから、*Mythologiques* は『神話曲集』とでもすべきであろう。しかし「曲」という語は、できれば入れたくない。とりあえず本書では、『神話論』と訳しておく。なお、レヴィ＝ストロースの意味の重層性については、『野生の思考』の邦訳の「訳者あとがき」を参照。

実際には、『神話論』の基本的メタフォアは科学から取られたものではなく、芸術からきている。音楽のさまざまな形式、フーガから取ってある。レヴィ＝ストロースはつねづね、神話は別の神話によってのみ翻訳されうるものであり、けっして科学的公式で表現されるものではないと強調している。さらに、『悲しき熱帯』（一九五五）でフィールド・ワークについての内省的、主観的、叙情的な新しい型の書き方を作り出した。これは人類学の分野を科学的姿勢から救い出したものである。彼はつねに、たとえば食事、殺人、婚姻といった人類文化のもっとも混乱した、湿った面に関心を抱いてきた。実のところ彼は、神話とは、解決できないパラドックスを解決しようとする執念とも言うべき欲求によって駆り立てられているのだということをわれわれに教えてくれた人なのである。彼を批判する人は、彼が神話を論理的対立に還元してしまうと考えている。しかし私は、彼は人間の両面性を明らかにした人と考える。レヴィ＝ストロースにとってパラドックスは、エイハブ船長のクジラなのだ。

ではどうして多くの神話学者（とくに一人ならぬユング派の）がレヴィ＝ストロースを冷たい科学者だと非難するのだろうか。多分それは、彼が神話の論理的構造、とくに彼が「基準式」（a : b : : c : a−1）と呼ぶものは一連の数学的公式で表現できると強調しているからであろう。この数学的なハイド氏と、いま述べた叙情的なジキル氏とを結び合わせるならば、頸のところで分けられた二匹のライオンでできているわが人類学者をつかまえることになろう。頭は——こちらはずっとよく知られた部分だが——冷たい、頭脳的批判者レヴィ＝ストロース、胴体は——こちらは完全に評価されることがまれな——情熱的、政治的詩人としてのレヴィ＝ストロースである。頭は、複雑で、理論的で、何巻にもなる『神話論』の著者、胴体は、叙情的で、自叙伝的で内省的・自問的な『悲しき熱帯』の著者である。頭は、抽象的に、一連の科学的・還元的手続きで神話をいかに分析するかを教えてくれる。だが胴体は、勘でもってテキストの空間を飛び、帽子から幻想的なウサギを取り出し、まるで「私の言うことではなく、私のやっているようにやれ」と言っているかのごとくである。

またほかに、彼の著作から出てくるもう一つ重要な二項対立がある。それは個別性と普遍論との緊張関係である。レヴィ＝ストロースは、自分のデータが第一に、南米のボロロ族やヒバロ族などの民族を対象にしたフィールド・ワークから出たものであることを述べ、地理的・文化的に関係のある民族についてのみ語っているのだと主張している。逆に彼は、南米だけでなく（また単に部族民だけでなく）人間すべての思考方法について普遍論を主張する理論を作り上げている。レヴィ＝ストロースは書斎の普遍論者なのだ。彼は、後世の普遍論者すべての父であるフロイトの影響を受けていることを自認している。彼は人間の普遍的パラダイムを主張しているのではないと強く抗議するが、思うにそれは単に、知らぬまにユングと取りちがえられかねないことへの恐れを表現するものであろう。

しかしこの『神話と意味』では、彼はついに普遍論者の書斎から出てくる。たとえば本書（一六頁）の立論のように、ここに明確に述べられている彼のアイディアの多くには決定的に元型的なものがあるからである。「結局のところ人間の心は宇宙の一部にすぎないのですから、秩序を見出そうという欲求が存在するのは、多分、宇宙に何か秩序があり、宇宙が混沌ではないからでありましょう」。本書では、レヴィ＝ストロースの対立項がすべて、カメラのピント合わせの画像のように、最後には完全に結合される。生涯を通じて彼を動かしてきた主要な思想が、この本においてだけは、明瞭に、率直に、個人的に開示されている。

『神話と意味』には、神話と科学、神話と歴史、神話と音楽、未開と文明のあいだの並行的緊張関係という、重要なレヴィ＝ストロースの方法論のパラドックスが取り上げられている（一九頁からはじまる章には、一九六二年の『野生の思考』ではじめて示された「野生・未開」という難問についての新しい見解が示されている）。『神話と意味』でレヴィ＝ストロースは、前例のない明快さと直接性でこれらの問題を探求する。

この明快さの明らかな理由は、本書がもともとカナダ放送協会の一連の放送講演で話されたものだという簡単な事実である。書かれたものでないこと、フランス語でないことという二点で、思いがけないちがいが出ている。まさにこの本書で（二一〇頁）、レヴィ＝ストロースは、彼が何をもって「未開」思考と「文明」思考の決定的な相違と見なすかを明示している。すなわち、「未開」のかわりに「無文字」と言うべきだとするのである。彼はさらに、文字を使わぬ民族は、感覚能力をよく使い、またわれわれが失ってしまったある種の観察力を発達させていると言う。この光を著者にあてて、もともと話されたこのテキストでレヴィ＝ストロースは、推歳を重ねた著作には見られない感覚性と表現力を示していると言えよう。

フランス語のかわりに英語を使ったことは、またたいへんありがたいことだった。レヴィ＝ストロース自身が「英語で説明するのは面倒なので、うんと単純化した」と率直に認めている。フランス人だけがものを考える能力をもっていると信じるフランス人をアングロサクソンは非難するが、話を進めるために、レヴィ＝ストロースの英語能力の限界が、フランス語で書くとき好んですることばの軽わざを犠牲にさせた、または、少なくとも、素直なことばで仕事をする気にさせた、と解釈してよいであろう。レヴィ＝ストロースはまさにそれをこの本でしたのである。彼がそれまでに、またその後に書いたもの、話したもので、自分の考え方を本書ほど直接率直に述べたものはない。

レヴィ＝ストロースの他の著作に親しみ、この本に恰好のいい聴かせどころを探す人は、がっかりするだろう。猫が半かじりの鼠を主人のところにもってくるように、レヴィ＝ストロースはよく著作の終わりに、これ見よがしに定式をかかげるが、それはここでは場違いになる。しばしば定式化によって神話は終わりにその意味をすべて抜かれてしまうが、この結末にいたるまでにレヴィ＝ストロースは、さらに複雑な何層もの意味のレヴェルを示してくれる。彼は物語を述べ、その物語について語り、そしてさまざまな豊かな解釈のパターンを提示して、そのあとで一連の論理記号に煮詰めるのである。

レヴィ＝ストロースは最後に自分自身を解体するが、その直前に彼を捨てるのが秘訣（うまいやり方）である。どこでそれをやるかは、なかなか決めにくい。それは、よそからきた人にどこでバスを降りるか聞かれて、「私を見ていて、私が降りる一つ前の停留所で降りなさい」と答えた、ある女性の話を思い出させる。われわれは、レヴィ＝ストロースが降りる一つ前の停留所でレヴィ＝ストロースのバスから飛び降りなければならない。飛び降りてみると、たいていはまだ行き先まできていなかったことに気づく。そして別のバス（神学とか心理学の）に乗らなければならない。場合によっては何台ものバスを乗り継がなければならないこともある。神話の旅には何度もの乗り換えが必要なのだ。レヴィ＝ストロースはその乗り換えもさせてくれる。『神話と意味』では、人間の経験についての彼の理解への手がかりの形で、この乗り換えを数多く示してくれるのである。そしてここでは窓は透明で、内から外も、外から内もよく見える。

ここではまさに、レヴィ＝ストロースの神話へのアプローチのエッセンスが見られる。彼は言う（一〇頁）。「構造主義的アプローチとはこういうもので、おそらくそれ以上に何一つつけ加えることはないでしょう。言いかえれば、外見上の相違のなかに不変の要素を求めるものです」。さらに、彼のシステムをもっと仔細に見ると、神話素は同一性とともに差違も考慮に入れている。たとえば、女性が自分の息子を殺す物語があるとする。ところが別の異文ではこのテーマは逆転して、息子が自分の母を殺すことになっている。しかし神話素なら、どういう順にでも並べられるのである。したがって因果関係も、時間的順序も排除される。

この短い、明快なテキストでレヴィ＝ストロースは、ながく構造主義の障害物であったクロノロジーの問題に正面からぶつかる。彼の構造モデルは、歴史や、変化や、時の流れと断絶しているとして批判されてきた。構造モデルは、文化の歴史のいつの時期にでも妥当する観念的空所に存在するように見える。ところが『神話と意味』では、レヴィ＝ストロースは歴史との関係を明確にし、彼の意図では実際には自分の言う構造がつねに歴史をもつものとして考えられていると述べており、また神話の共時面（時間の壁を超越する）とともに、通時面（時間とともに変化する）も肯定的に論じている。彼は「兎唇と双生児——ある神話の裂け目」（三五頁）で、一つの神話のコーパスの具体的な文化的展開をあとづけ、構造の骨の上に歴史の肉をのせている。

本書はまた、『悲しき熱帯』以後に彼が書いたもののなかで、もっとも親近感のもてる書物である。彼はしばしばみずからを語る。若いとき彼がオペラの衣装やセットを描いていた（一一頁）と知ると、『神話論』の音楽のメタフォアも、本書に収められているワグナーの『ニーベルングの指輪』の連作のすばらしい構造的分析（六四－六八頁）も、新しい意味をもつようになる。また、字が読めると主張して、きっとめんくらったにちがいない母親に、boulanger と boucher とは同じ音素ではじまっていると答えている二歳のクロード（レヴィ＝ストロース）の姿は、（音素という用語は使わなかったろうが、それでも）構造主義の創造神話として役立つ。

ここでは神話素の向こうに、人間の意味をほんとうにつかむことができる。結局レヴィ＝ストロースの名をはじめて聞いたばかりの人が、片足で立って、結局レヴィ＝ストロースとはどんな人なのか説明してくれと頼んできたら、私は『神話と意味』を取って朗読しはじめるであろう。

シカゴ大学　ウェンディ・ドニジャー

神話と意味

目次

まえおき

私はこれから、自分がいままでに書いた本や論文などについてお話しようとしているのですが、困ったことに、私は書きあげるとほとんどすぐに、何を書いたかを忘れてしまうのです。そのために何か不都合なことが起こるかもしれません。でも、私が自分の本を書くのだという感じをもたないということは、これまた何か意味深いとも思っています。私の本は私を通して書かれる、そしてひとたびそれが私を通り抜けてしまうと、自分は空になって、あとには何も残っていないように感じます。

神話は人間のなかにおいて、人間自身が知らぬまに考え出される、と私が書いたことがある〔『生のものと火にかけたもの』序章〕のを覚えておられるかもしれません。この点はおおいに論議をよびましたし、英語圏の同学者たちからは批判を受けさえしました。彼らの感ずるところでは、経験的観点からはそれはまったく無意味な文だからです。しかし、私については、それは生きた体験そのままの表現であり、私が自分自身と自分の著作との関係をどのように考えているかを正確に示しています。つまり、私の著作は、私の知らぬまに私のなかで考え出されているのです。

私は以前から現在にいたるまで、自分の個人的アイデンティティの実感をもったことがありません。私というものは、何かが起きる場所のように私自身には思えますが、「私が」どうするとか「私を」こうするとかいうことはありません。私たちの各自が、ものごとの起こる交叉点のようなものです。交叉点とはまったく受身の性質のもので、何かがそこに起こるだけです。ほかの所では別のことが起こりますが、それも同じように有効です。選択はできません。まったく偶然の問題です。

私は、自分がこのように考えるからといって、人類とはそのように考えるものだという結論を下してよいなどとは少しも思っていません。私が信ずるのは、それぞれの学者、それぞれの作家にとっては、その人なりの考え方、書き方が、人類への新しい展望を開くのだということです。いま述べた私の個人的傾向は、おそらく何か有効なことを私が指摘するのを可能にしてくれるでしょうし、私と同学の方々の考え方は、それぞれまた別の展望を開くことになりましょう。それはすべて、等しく有効なのです。

第一講　神話と科学の出会い

神話と科学の出会い

質問

先生の著作を読んで多くの人が受ける印象では、先生は私たちを神話的思考へ連れ戻そうとしておられるようです。私たちは何か非常に貴重なものを失ってしまったのだ、だからそれを取り返すように努めなければならない、という気持を起こします。それは、科学や近代的思考を放擲して神話的思考へ戻らねばならないということを意味するのでしょうか。

構造主義とはなんですか。構造的思考というものがありうるという考え方に、どのようにして到達されましたか。

意味をもつには秩序と規則とが必要でしょうか。混沌のなかに意味が見出せるでしょうか。

秩序は無秩序にまさる、と言われるのはどういう意味ですか。

個人的なことから話をはじめましょう。私が毎月、隅から隅まで、たとえ全部は理解できなくても、ていねいに読んでいる雑誌があります。それは『サイエンティフィック・アメリカン』です。現代科学のあらゆるできごとや、その新しい発展について、私はできる限りの知識を得たいと熱望しています。このように、私の立場は科学に対して否定的ではありません。

つぎに、私たちは何かを失ってしまった、だからそれを取り戻そうと努めるべきではなかろうか、と思っています。私たちの生きているこの現在の世の中で、かつ私たちが従わねばならないこの科学的思考をもって、これらの失われたものを失われたことがなかったかのように取り戻しうるとは思いませんが、失われたものの存在とその重要性に気づくように努めることはできるからです。

さらに私の感ずるところを述べますと、現代科学は、これら失われたものから遠ざかってゆくどころか、逆にそれを科学的説明の範囲に取り込もうと、ますます努力をしているようです。一方には科学、他方には〝神話的思考〟とでも呼びうるもの——正確な言い方ではありませんが、便宜的にこう名づけておきます——というふうに、両者がほんとうに分離断絶したのは、十七、八世紀のことでした。その時代には、ベーコン、デカルト、ニュートンなどが出て、神話的かつ神秘的な考え方をもつ旧世代に対抗して科学を確立する必要があったのです。そして科学が成立するためには、感覚の世界、つまり、私たちが見、嗅ぎ、味わい、感ずる世界に背を向けねばならないと考えられていました。感覚はいつわりの世界であり、真実の世界は数学的特性の世界、すなわち知性によってのみ把握されうるもので、感覚のいつわりの証言とはまったく相容れないとされました。これはおそらく必要な転換だったのです。経験の示すように、この分離——断絶と言ってもいいでしょう——のおかげで、科学的思考の確立が可能となったからです。

さて、私の印象では（もとより、自然科学の専門家のような顔をして申すのではありません。私は物理学者でも生物学者でも化学者でもありませんから）、現代の科学はこの断絶を克服する方向に向かっており、感覚所与がますますある意味をもつもの、真実性をもつもの、説明可能なものとして、科学的説明に再統合されてゆくようです。

嗅覚の世界を例にとりましょう。嗅覚は完全に主観的なもの、科学の世界の外にあるものと私たちは考えるのがつねでした。今日では化学者は、臭いや味にはそれぞれに対応する化学的成分があることを説明できますし、また、ある臭いとある臭い、ある味とある味とが主観的に何かの共通性をもつように感じられ、他のものは大幅に異なっているように思えるとすれば、その理由を述べることができます。

もう一つ別の例をとりましょう。ギリシア時代から十八世紀、さらには十九世紀まで――ある程度はいまでも――哲学の分野で重要な論議の種となっていることがあります。数学的観念――線の観念、円の観念、三角形の観念などの起源の問題です。それには大きく分けて二通りの伝統的な理論があります。一方は人間の心を白紙と考える説で、もともと心には何もなく、すべては経験によってもたらされるとします。たくさんの丸い物体を見ることによって、そのどれをとっても完全に丸いわけではないにもかかわらず、私たちは円の観念を抽象できるというのです。第二の古典的理論はプラトンに遡ります。プラトンによれば、円とか三角形とか線とかのイデアは人の心に生来与えられている完全なものであり、そういうイデアが与えられているからこそ、現実には完全な円とか完全な三角形が現われなくとも、私たちはそのイデアをいわば現実に投影して見ることができるというわけです。

さて、現代の神経生理学者たちが視覚について教えるところによりますと、網膜の神経細胞および網膜の後方にある他の器官は役割分担が決まっているのだそうです。ある細胞は垂直方向にまっすぐなもののみを感じとり、他のあるものは水平方向、他は斜めの方向、そのあるものは背景と中心映像との関係のみを感じとるという具合です。そういうわけで——英語で説明するのは複雑すぎるので、ごく単純化しますが——経験と心の対立というこの問題全体の解決は神経系の構造のなかに見出されうるように思われます。心の構造とか経験のなかにではなくて、心と経験のあいだのどこかで神経系が築きあげられるやりかた、そしてその体系が心と経験とのあいだの仲介をするやり方のなかに見出されると思うのです。

おそらく、私自身の心の奥深くに何ものかがあって、そのため、私は子どものときから今日で言う構造主義者であったようです。母の言うところによると、私がまだ二歳くらいで、もとより字など読めなかったころに、ほんとうに字が読めるのだと主張していたそうです。なぜそんなことを言うのかと問われると、店の看板――たとえば boulanger（パン屋）とか boucher（肉屋）――を見れば、何か読めるものがあると答えました。というのは、書いてあるなかで明らかに同じ綴字の部分は boucher と boulanger に共通の最初の音節である bou- を表わすにちがいないからでした。構造主義的アプローチとはこういうもので、おそらくそれ以上に何一つつけ加えることはないでしょう。それは不変なものの探求、言いかえれば、外見上の相違のなかに不変の要素を求めるものです。

私の生涯を通して、この種の探究がおそらく主要な関心事だったと申せましょう。子どものころ、地質学にもっとも興味を寄せていた一時期がありました。地質学の問題もまた、驚くほど多様な風景のなかで何が不変であるかを理解しようとすること、すなわち、風景を有限数の地層と有限数の地殻変動作用とに還元可能にしようとすることなのです。のちに青年時代には、オペラの衣装と舞台装置を描いて余暇の大半を過ごしました。そこでも問題はまったく同じなのです。すなわち音楽と台本のなかに存在している何ものかを、一つの言語、つまり、グラフィックアートと絵画の言語で表現しようと試みることです。それは非常に複雑な一組のコード（音楽のコード、文学のコード、美術のコード）の不変特性に達しようとする試みです。問題はそれらすべてに何が共通であるかを見出すことです。それは翻訳の問題と言えるかもしれません。ある一つの言語で——またはある一つのコードでと言ってもかまいませんが、「言語」で充分わかるでしょう——表現されたことを別の言語の表現に翻訳するという問題です。

構造主義ないし構造主義という名で通っているものは、完全に新しくかつ革命的なものであるかのように考えられてきました。しかし、それは二重に誤っていると私は考えます。第一に人文科学の分野においてさえ、それはちっとも新しいものではありません。ルネサンスから十九世紀、そして現代までこの思想傾向をたどることができるのですから。しかしさらに、もう一つの理由があります。言語学や人類学やその他の領域で構造主義と呼んでいるものは、英語で言う「ハード・サイエンス」がつねに行なってきたことの、冴えない模倣にほかならないのです。

科学には二通りの方法があるだけです。還元主義的方法と構造主義的方法です。あるレヴェルで非常に複雑な現象を、他のレヴェルにおいてより簡単な現象に還元できるとわかれば、それは還元主義的方法です。たとえば、生活のなかには物理・化学的過程に分解還元しうる事柄がたくさんあり、一部はそれで説明ができます。しかしそれですべてが説明できるわけではありません。複雑すぎるため、より低いレヴェルの現象に還元できない諸現象に直面すると、私たちに可能な唯一のアプローチは、それらの現象のあいだの関係に注目すること、つまり、それらの現象がどういう種類の独自の体系を作っているかを理解しようと努めることだけになります。それがまさに、言語学、人類学、その他いろいろの分野で私たちが試みてきたことです。

話の都合上、自然を擬人化して申しますと、自然の手のうちにある手段の数は限られていて、現実のあるレヴェルで自然が用いるのと同種の手段が他のレヴェルにも現われざるをえないという事実があります。遺伝コードがたいへんよい例です。よく知られていることですが、生物学者と遺伝学者が発見したものをどう記述するかという問題が起こったとき、言語学の用語を借りて、語、節、アクセント、句読点などと言うよりよい方法はありませんでした。それが同じものであるというつもりはまったくありません。もちろん実際に、同じものではありません。しかし、それは現実の二つの異なるレヴェルに起こった同じ種類の問題なのです。

　私たち人類学の用語で言う意味での文化を自然に還元しようなどと試みるのは、私の気持からは非常に遠いはずのものでした。しかし、それにもかかわらず、文化のレヴェルで私たちが目にするものは、形式上の観点からは（実体的にというつもりはまったくありません）同種の現象です。少なくとも私たちが自然のレヴェルで観察しうるのと同じ問題を精神の領域にも読みとることができます。もっとも、言うまでもないことですが、文化のレヴェルははるかに複雑で、ずっと多くの変数を必要とするのですけれども。

　私は哲学を築こうとしているのではありません。理論の構築を目指しているのでさえもありません。私は子どものころから理屈に合わないものが気になり、無秩序とされるものの背後に秩序を見つけようと試みてきました。たまたま私が人類学者になったのも、実は、人類学に興味があったというより、哲学から逃げ出したかったからです。またたまたま、フランスの大学の枠組みでは、その当時は人類学が独立した学科として教えられていなかったので、哲学を学び哲学を教える者が人類学に逃げ出すことが可能でした。私はそこへ逃げ出し、すぐに、ある問題にぶつかりました。それは、まったく無意味に見える婚姻規則が世界中にたくさんあり、さらにいらだたしいことに、もし無意味な規則なら民族それぞれで異なったものになってよいはずなのに、規則の数は、いくつあるかは別として、有限であるということでした。そこで、もし同じ不条理がくりかえし見出され、他の種類の不条理もまたくりかえして現われるのであれば、それは、まったく不条理とは言い切れない何ものかであるはずです。さもなければくりかえし現われるはずがありません。

これが、無秩序の外観の背後に秩序を見出そうと試みる、私の最初の研究方向を決定することになりました。そして、親族関係と婚姻規則の研究ののち、はっきりした意図があったわけではなくこれまた偶然で、神話に目を向けることになりましたが、そのときも問題はまったく同じでした。神話の物語は気まぐれで無意味で不条理です。とにかく見たところはそうです。にもかかわらず神話の物語は、世界的に反復して現われるように思われます。ある地点の人が頭の中でこしらえ上げた「奇想天外」の作り話ならば、一つしかないのがあたりまえ――つまり、まったく別の場所に同じ作り話が見出されるのはおかしいはずです。私の問題は、この外見上の無秩序の背後に、ある種の秩序があるのではないかと探ってみること、ただそれだけでした。これこれの結論が引き出せるなどと主張するつもりはありません。

秩序がなければ意味を理解することは絶対に不可能だと私は思います。意味論にはたいへん奇妙なことがあります。それは、「意味」という語がおそらくことば全体の中でもっとも意味を見つけにくい語だということです、「意味する」とはどういう意味なのでしょうか。「意味する」とは、ある種類の所与が別の言語に置きかえられる可能性を意味する、というのが、私たちにできる唯一の答えであると思われます。別の言語に、というのは、英語をフランス語とかドイツ語に訳すというのではなくて、異なったレヴェルにある異なった語に置きかえる、という意味です。結局のところこの置きかえとは辞書に期待されているもので、ある語の意味を別のいくつかの語で示すこと、理解したい語や表現とわずかに異なったレヴェルにおいて同型になるいくつかの語で示すことです。ところで、規則がなければ置きかえはどうなるでしょうか。理解することはまったく不可能になるでしょう。ある語を別の語に、ある文を別の文に言いかえられなくなってしまいますから、置きかえの規則はもたねばなりません。規則について語るのと意味について語るのは同じです。人類の知的業績を見わたすと、世界中どこでも、記録に残る限り、その共通点は決まってなんらかの秩序を導入することです。もしこれが人間の心には秩序への基本的欲求があることを表わしているとすれば、結局のところ人間の心は宇宙の一部にすぎないのですから、その欲求が存在するのは、多分、宇宙に何か秩序があり、宇宙が混沌ではないからでありましょう。

いままで私が申し上げようとしてきたのは、科学的思考と、私が「具体の論理」

と呼ぶものとのあいだに分離が――必要な分離ですが――あったということです。具体の論理とは、イメージや象徴などに対立するものとしての感覚所与を尊重し、それを利用することです。私たちはいま、この分離が多分のりこえられるか、消し去られるであろうという時期にきています。近代科学は、伝統的な道筋に従って同じ狭い道路を前へ前へと押し進むだけではなく、通路を拡げて、以前には対象外とされていた多数の問題を組み込むような進歩をもなしうるように見えるからです。

この点では私は、「科学主義者」と評されたり、科学が絶対にあらゆる問題を解きうると考える盲目的科学信奉者の仲間であると批判されるかもしれません。しかし、私はそんなことを信じているのではありません。科学が完全で完成されたものとなる日がくるとは思えないからです。つねに新しい問題が起こるでしょう。十数年あるいは一世紀ほど前には哲学の問題と考えられていたいろいろな問題を、いまは科学が解きうるようになっていますが、それと同じテンポで、いままで考えられもしなかった新しい問題が現われるでしょう。科学が私たちに与えうる答えとその答えがひきおこす新しい問題とのあいだには、つねに断絶があるでしょう。ですから、私はそのような「科学主義者」ではありません。科学があらゆる答えを与えてくれることには、けっしてならないでしょう。与えることのできる答えの数と質とを少しずつ高めようと試みうるだけであり、それは科学を通してのみ可能であると私は考えています。

第二講　〝未開〟思考と〝文明〟心性

質問

いわゆる未開民族の思考は科学的思考より劣ったものだと言う人びとがいます。思考様式として劣るというのではなく、科学的に誤っているから劣るというのです。先生は「未開」思考と「科学的」思考とをどのように比較しようとされるのですか。

オールダス・ハックスリが『知覚の扉』のなかで論じているところによりますと、私たちの多くは自分の知的能力の一部しか用いておらず、残りの能力は完全に閉め出されているそうです。今日の私たちの生活では、先生が書いておられる、神話的様式で思考した人びとに比べて、私たちは知的能力の使い方が少ないとお考えですか。

自然は変化に富んだ世界を示してくれますし、私たちは今まで、さまざまな文化の発展のなかの類似よりも相違のほうを追い求める傾向がありました。先生は、われわれが発展をつづけてある点にまで達すれば、人間のあいだにある区別の多くをなくしていってよいのだとお考えですか。

「未開民族」ということばがよく使われますが、それは不当な呼び方なので、ここでは「無文字民族」と言うことにしましょう。文字の有無こそが、その人たちと私たちを区別するほんとうの要因だと思うからです。さて、その人たちの思考法については、いままで二通りの異なる解釈がありました。しかし私の考えでは、どちらも同じようにまちがったものでした。第一の解釈によれば、そのような思考法はなにか低級なものと見なされました。現代の人類学ですぐ思い浮かぶ例はマリノフスキーの研究です。急いでつけ加えておきますが、私はマリノフスキーに最大の敬意をはらう者で、非常に偉大な人類学者だと考えており、彼の業績をけなすつもりはまったくありません。しかしそれにもかかわらず、マリノフスキーは自分が研究している民族の思考法、そして一般的に人類学が対象とする無文字民族すべての思考法は、生きるための基本的欲求によって全面的に規定されていた、あるいはいまでも規定されている、と感じていました。どの民族でもかまいませんが、ある民族が生活の最低必要事——食糧の獲得や性的本能の充足など——によって規定されていることがわかれば、その民族の社会制度、信仰、神話などは、それで説明ができるとするのです。人類学で非常に拡まっているこの考え方は、一般に「機能主義」という名で知られています。

もう一方の解釈によると、そうした民族の思考法は、低級だというよりも基本的に別種の思考法なのだとされます。この見方の代表はレヴィ＝ブリュールの著作です。レヴィ＝ブリュールは、「未開」思考——私はここでも「未開」という語を括弧に入れます——と近代的思考との基本的相違は、前者が完全に感情と神秘的表象とによって規定されていることだと考えました。マリノフスキーのが実利的解釈だとすれば、レヴィ＝ブリュールのは情緒的ないし感情的解釈です。それに対して私は、つぎのように主張してきました。すなわち、無文字民族の思考法は、ほんとうは、一方でマリノフスキーの考え方とはちがって実利性を離れたものであり、他方でレヴィ＝ブリュールの説とは異なって知的なものである——少なくとも多くの場合にそうでありうる、というものです。

たとえば『今日のトーテミスム』と『野生の思考』で私が示そうとしたのは、私たちがふつう考えるところでは、非常に厳しい物質条件のもとにあって、飢えずにかろうじて生きつづけるための必要事にまったく支配されているような民族が、実は完全に実用性を脱した思考をなしうる、ということです。言いかえれば、その人たちは自分の周囲の世界とその本性、それに自分たちの社会を理解する必要、理解したいという欲求によって動いているのです。他方、その目的を達するために用いられる知的手段は、まさに哲学者が、さらにはある程度は科学者さえもが用いうるし、用いるであろうようなものです。

これが私の基本的仮説です。

急いで誤解を解いておきましょう。ある思考法が実利性を脱しており、知的思考法であると言っても、それすなわち科学的思考だということには少しもなりません、もちろんそれは、ある意味でやはり別種の思考法であり、またある意味で劣った思考法です。別種の思考法だというのは、可能な限り最短の手段で宇宙の一般的理解に達することを目的とするからです。そして、一般的であるのみならず、全的理解に達することを目指すからです。つまりそれは、すべてを理解しなければ何一つ説明したことにならない、という思考法です。これは科学的思考のやり方とはまったくちがいます。科学的思考は一歩一歩と進みます。ごく限られた現象だけを考えてその説明を試み、つぎに別種の現象へ、さらにそのつぎへと進むのです。科学的思考は、デカルトがすでに言っているように、問題を解くとき、それを必要なだけ多くの部分に分割しようとします。

ですから、野生の思考のもつこの全体的把握の大望は科学的思考の手順とはまったく異なるものです。最大の相違は、もとよりその野心が成功しないという点でしょう。私たちは科学的思考によって自然を征服することができます――わかりきったことですから、これは多言を要しますまい。ところが、言うまでもなく神話には、人間が環境を克服するための実質的な力を増強することはできません。しかしながら、神話が人間に与える重要なものがあります。自分が宇宙を理解できるという幻想、宇宙を理解しているという幻想です。もちろん、それは幻想にすぎないのですけれども。

しかしながら、科学的思考を用いるにあたって、私たちは自分の知的能力のごく一部しか用いていないことに注目しておかねばなりません。私たちは、自分の職業、商売、あるいはその時どきに自分が置かれている特定の状況に必要な能力を用いています。たとえば、神話や親族構造のはたらきに二十年ないしそれ以上もかかわっている人間は、自分の知的能力のうちでその方面に必要な部分を用います。でも私たちは、人がみなまったく同じことに興味をもってくれるように求めるわけにはゆきません。こうして私たちは、それぞれ自分に必要なもの、あるいは自分が関心を抱くものに対して自分の能力の一部を用いるのです。

今日私たちの用いる知的能力の量は過去よりも少ないとも多いとも言えます。それに、昔とまったく同種の能力を用いているわけでもありません。たとえば、感覚的知覚の利用は明らかに少なくなっています。『神話論』の初稿を執筆中に、非常にふしぎな問題にぶつかりました。真昼間に金星を見ることのできる特別な部族があるらしいのです。それは私にとってはまったく不可能な信じられないことでした。天文学の専門家に尋ねますと、もちろん私たちには見えないが、真昼間に金星の放つ光の量を知れば、ある人びとには金星が見えるというのもまったく考えられないことではない、という返事でした。それから、西欧文化圏の航海術についての古い本をいろいろ調べて見ました。するとやはり、昔の船乗りたちは真昼間に金星を見る能力を完全に備えていたらしいのです。おそらく私たちも目を訓練すればいまでもそうできるのでしょう。

植物や動物についての私たちの知識についてもまったく同じです。無文字民族は自分たちの環境と資源のすべてについて、途方もなく正確な知識をもっています。こうしたものすべてを私たちは失ってしまったのですが、その代償として何も得なかったわけではありません。たとえば、どの瞬間にも押し潰される危険性があるのに、そういうこともなく自動車を運転できるし、夕方にはテレビやラジオをつけることもできます。それには知的能力の訓練が必要ですが、「未開」民族は必要がないためそういう能力をもちません。潜在能力としては精神の性質を変えることもできたはずですが、この人たちの生活様式と自然との関係から見ると、その必要がないのでしょう。人間のもつ多様な知的能力をすべて同時に開発することはできません。ごく小さな一部分を使用しうるのみで、どの部分を用いるかは文化によって異なります。それだけのことです。

いろいろの地域に住む人類が異なる文化をもつにもかかわらず、人間精神はどこでも一つで同じであり、同じ能力をもつ、というのが、人類学研究の数多くの結論の一つでありましょう。それは現在どこでも受け入れられている結論だと思います。

それぞれの文化が体系的組織的に他と異なるように努めたとは思いません。事実はこうです。何十万年のあいだ地球上の人類はあまり多くなくて、小さな集団がばらばらに住んでいました。したがって、各集団がそれぞれの特徴を発展させ、他と異なるようになったのはごく当然のことです。なにも意図してそうなったのではありません。単に、非常に長い期間支配的だった諸条件の結果にすぎません。

さて、この状態がそれ自体有害であるとか、そういう相違は克服されるべきであるとは考えないでいただきたいのです。事実、相違とは非常に豊かな力をもつものです。進歩は、相違を通してのみなされてきました。現在私たちを脅かしているものは、〝オーヴァー・コミュニケーション〟とでも呼びうるものでしょう。つまり、世界のある一点にいて、世界の他の部分で何が行なわれているかをすべて正確に知りうるようになる傾向です。ある文化が、真に個性的であり、何かを産み出すためには、その文化とその構成員とが自己の独自性に確信を抱き、さらにある程度までは、他の文化に対して優越感さえ抱かねばなりません。その文化が何かを産み出しうるのはアンダー・コミュニケーションの状態においてのみなのです。私たちはいま、単なる消費者になり、世界のどの地点のどの文化から得られるどんなものでも消化できるけれども、独自性をすっかり失ってしまうのではないかという展望に脅かされています。

地球上いたるところ、ただ一つの文化、一つの文明だけになる時代を私たちはいまや容易に想像することができます。でも私は実際にそうなるとは信じません。対立する傾向——一方は均一化へ、他方は新たな個別化へ、という傾向がつねに作用するからです。文明が均一になればなるほど、分離しようとする内的な傾向がはっきりしてきます。また、あるレヴェルで得られるものが、ただちに他のレヴェルで失われます。これは個人的印象であり、この弁証法的作用についてはっきりした証拠があるわけではありません。しかし人類がほんとになんらかの内的多様性なしに生きうるとは思えないのです。

さて、ここで、カナダ西部のある神話を考えてみましょう。それは南風を制圧支配しようと試み、それに成功するガンギエイについての神話です。人類以前、つまり、動物と人間とがはっきり区別されておらず、半人間・半動物であった時代の物語です。皆が風に困りはてていました。というのは風が——とくに意地の悪い風がしじゅう吹きつづけるので、魚を獲りに出たり、海岸で貝を集めたりすることができなかったのです。そこで風と戦って、もっと行儀よくさせることに決めました。人間的動物というのか、動物的人間というのか、その何人かが参加して遠征が行なわれました。ガンギエイも加わって、南風を捕えるのに重要な役割をはたしました。

南風は、いつも吹きつづけることはしない、ほんのときどき、またはある時期にだけ吹くことにすると約束をして、やっと解放してもらいました。このときから南風は、一年のうちのある時期にのみ、または二日に一日だけ吹くようになりました。そして人間は、それ以外のときは魚や貝をとる仕事をすることができるのです。

この物語はけっして実際に起こったことではありません。しかし、それはまったく馬鹿げた話だとか、幻覚に近い精神状態の連中が気まぐれに作り出したものにすぎないと言って、自己満足をしていればよいのではありません。まじめに受けとり、なぜガンギエイなのか、なぜ南風なのかと、自分に問いを発してみなければなりません。

語られているそのままで神話の要素を綿密に調べてみると、ガンギエイは二種類の明確な特徴に基づいて行動していることがわかります。まず、平らな魚がみなそうであるように、腹の側は滑らかで背の方はざらざらです。さらに、他の動物と戦わねばならないときにガンギエイがうまく逃げられるのは、それを上か下から見るとずいぶん大きいのに、横から見ると非常に薄いためです。あんなに大きいのだから、ガンギエイを矢で射殺すのはごく容易だと敵は考えるかもしれません。しかし、まさに狙いが定められるそのときに、ガンギエイは突然向きを変えて側面だけを見せるので、狙いを定めることができなくなります。こうしてガンギエイは逃げてしまいます。ですから、ガンギエイが選ばれた理由は、ある面から見るか他の面から見るかによって——サイバネティックスの用語を使えば——イエスかノーか一つの答えのみを与えうる動物だからです。一方は肯定、他方は否定という不連続の二状態をもちうるのです。比喩を無理に拡張するつもりはありませんが、神話のガンギエイの役割は、イエスとノーの答えを積み重ねることによって非常に難しい問題を解く現代のコンピューターの要素と同じです。

魚が風と戦えるというのは、経験的観点からは明らかに誤りであり、不可能です。しかし論理的観点に立てば、経験に借用したイメージ（比喩）が、概念的思考の役割を演じるために用いられうる——これが神話的思考の特色ですが——のはなぜかを理解することが可能です。つまり、バイナリー・オペレーターとでも名づけるべき役割をはたしうる動物は、論理的観点から見れば、二項性《バイナリー》の問題と関係をもつことができます。もし年中いつでも南風が吹くなら、人間の生活は不可能です。もし二日のうちの一日だけ吹くなら——つまりある日はイエスでつぎの日はノーというような形でつづくなら——人間の欲求と自然界を支配する諸条件とのあいだに、ある種の妥協が可能になります。

このように、論理的観点からは、ガンギエイのような動物と、この神話が解き明かそうと試みている種類の問題とのあいだには類似性があるのです。この物語は科学的観点からは真実ではありません。しかし私たちはこの神話がいま述べた性質をもっていることは理解できるようになりました。それは、科学の世界にサイバネティックスやコンピューターが出現し、二項操作なるものを私たちに理解させてくれるようになったからです。二項操作は、ずいぶん異なった形ではあるけれども、すでに神話的な思考によって物や動物を使って行なわれていたのでした。ですから、神話と科学のあいだには、ほんとうは断絶などありません。科学的思考が現段階に達してはじめて、私たちはこの神話に何がこめられているのかを理解できるようになったのです。二項操作という考え方に慣れるまでは、私たちのほうがまったく盲目だったのです。

しかし、科学的説明と神話的説明を私が同列に並べているとは思っていただきたくありません。科学的説明の偉大さと優位は、単に科学があげた実用的成果、知的成果にあるのではありません。私たちが現在ますます多く目撃するようになったことですが、科学は自己の有効性を説明しうるのみならず、神話的思考がある程度は有効であったことを説明しうるようになりつつあります。私はその点にも科学的説明の偉大さと優位があると申し上げたいのです。重要なのは、私たちがますます質の面に関心を抱くようになり、十七世紀から十九世紀まではもっぱら量的展望だけだった科学が、現実のもつ質の面も統合しはじめていることです。私たちは、昔は、神話的思考に出てくるさまざまなことを無意味で馬鹿げたこととして片づけてしまいがちでした。これからはきっと、その非常に多くを理解できるようになるでしょう。そして、十七世紀哲学の二元論が事実として受け入れた心身の絶対的断絶などは存在しないのだと信ずる傾向になるでしょう。人間の心のなかに起きることが基本的生命現象と根本的に異なるものではないと考えるようになれば、そしてまた、人間と他のすべての生物——動物だけでなく植物も含めて——とのあいだに、のりこえられないような断絶はないのだと感ずるようになれば、そのときにはおそらく、私たちの予期以上の、高い叡知に到達することができるでしょう。

第三講　兎唇と双生児——ある神話の裂け目

十六世紀末にペルーでスペインの宣教師P・J・デ・アリアーガ神父が記録にとどめている謎めいた観察から話をはじめましょう。それはこの神父の書いた『ペルーにおける邪教の根絶』（リマ、一六二一年）のなかに記されています。それによると、当時のペルーのある地域では、厳しい寒さが襲ってくると、生まれたとき逆児《さかご》だったとわかっている者、兎唇の者、双生児がみな僧侶に呼び集められるのでした。そして、この寒さは、お前たちが塩とトウガラシを食べたせいだと責められ、悔悟して罪を告白せよという命を受けたのです。

双生児を気象異変に関連づける例は世界中に広くみとめられます。カナダにもあります。ブリティッシュ・コロンビア州の海岸のインディアンのあいだで、双生児には天気をよくしたり嵐を静めたりするなどの特別の能力があるとされていることは有名です。でもここでは、問題をその面で取り上げるつもりはありません。私がふしぎに思っているのは、神話誌家が誰も――たとえば何度もアリアーガを引用しているジェイムズ・フレイザー卿も――兎唇と双生児がなんらかの点で同類と見なされるのはなぜか、という疑問をもたなかったことです。なぜ兎唇を問題にするのか、なぜ双生児を問題にするのか、なぜ兎唇と双生児をひとまとめにするのか、その理由を見つけ出すのが問題の要《かなめ》だと私は思っています。

この問題を解くためには、南米から北米へ、とばねばなりません。北米のある神話が南米の神話の手がかりとなりそうだからです。ときどきそのような場合があるのですが、この方法は多くの人びとからの非難の種になりました。その人たちは、ある特定の民族の神話はその特定の民族の文化の枠組みのなかでのみ解釈され理解されるべきだと主張するのです。そういう批判への答えとしてはつぎのようなことが言えましょう。

まず第一に、近年いわゆるバークレー学派によって確認されたように、コロンブス以前の南北アメリカ大陸の人口が、かつて考えられていたよりもずっと多かったのは明らかかと思われます。とすれば、これらの人数の多い集団がある程度相互に接触をもち、信仰・風俗・慣習がいわば浸透しあっていたはずです。隣接しあう集団はどれも、となりで何が行なわれているかを、つねにいくらかは意識しています。第二に、当面の例についていえば、この神話は一方ではペルー、他方ではカナダと別々に離れて存在しているのではなく、その中間の地域にもくりかえし、くりかえし見出されます。これは、大陸のあちこちに散見する神話というよりも、ほんとうに〝全アメリカ的神話〟と呼ぶべきものです。

さて、新大陸発見当時にはブラジルの沿岸に住んでいたインディアン、ツピナンバ族にも、ペルーのインディアンにも、たいへん貧しい男が女をだましてうまく誘惑する神話がありました。もっとも有名な伝承は、フランス人の修道僧アンドレ・テヴェが十六世紀に記録したものです。それによると誘惑された女は双生児を産みます。その一人はほんとうの夫を父とし、もう一人は誘惑者であるトリックスターが父親です。女は自分の夫になるはずの神に会いに行くところでしたが、途中でトリックスターがやってきて、自分がその神だと信じこませ、女はトリックスターの子を宿します。女はその後、ほんとうの夫となるべき神に出会って、その子どもも宿し、のちに双生児を産むことになったのです。この偽《にせ》の双生児は父親が異なるため、正反対の特徴をもつことになります。一方は勇敢で他方は臆病、一方はインディアンたちの保護者で他方は白人の保護者、一方はインディアンに幸運をもたらすが、他方は反対にたくさんの不幸な事件の原因となるという具合です。

ところが北米で、とくに合衆国北西部とカナダに、まったく同じ神話があります。しかしながら、南米の伝承に比べると、カナダ地域の異伝には二つの重要な相違があります。たとえば、ロッキー山脈に住むクートネー族では、懐胎の機会は一度だけですが、その結果として双生児が生まれ、のちにその一方が太陽に、他方が月になります。また、ブリティッシュ・コロンビアに住むサリッシュ語系の他のインディアン、トンプソン族とオカナガン族の所では、二人の姉妹が一見したところでは別々の二人にだまされ、それぞれ男の子が生まれます。母親がちがうのですから、ほんとうの双生児ではありません。しかし、まったく同じ状況で生まれたので、少なくとも精神的・心理的観点から見れば、その限りでは双生児に類似しています。

これらの異伝は、私が示したいと思っている観点からはきわめて重要です。サリッシュ系伝承は主人公の双生児という特徴を弱め、従兄弟としています。まったく平行なのは彼らの出生の状況だけで、彼らはともにペテンのおかげで生まれたとされています。それにもかかわらず、基本的意図は同じです。どの伝承でも二人の主人公はほんとうの双生児ではないからです。南米の伝承においてさえ、彼らは父親が別々で、対照的な性格をもち、その特徴が彼らの行動や、彼らの子孫の行為に現われることとなります。

ですから、双生児と言われたり、あるいはクートネー伝承のように双生児と信じられている子供たちは、どの場合でも、あとになると異なる運命をたどるようになり、いわば、双生児でなくなります。ほんとうの双生児であれ、それに相当するものであれ、最初には双生児として示された二人の人物のあいだのこういう断絶が、南米あるいは北米のあらゆる神話の基本的特徴です。

　この神話のサリッシュ系伝承には、非常に奇妙な部分があります。そしてそれがたいへん重要なのです。この伝承にはいかなる双生児も出てこないのを記憶しておられるでしょう。姉妹二人が、それぞれ夫を見つけるために旅行をしていたのですから。彼女らの祖母が、これこれの特徴で自分の夫がわかるだろうと教えておいてくれたのですが、それぞれ、途中で出会ったトリックスターにだまされて、自分の結婚する予定の夫だと思いこんでしまいました。姉妹はトリックスターと夜を過ごし、それぞれのちに男の子を産むことになります。

　さて、トリックスターの小屋で不運な夜を過ごしたのち、姉は妹と別れ、祖母に会いに出かけます。祖母は山に住むヤギで、一種の魔法使いでもあります。祖母は、孫娘のやってくるのが前もってわかったので、孫を出迎えるようにノウサギを使いにやります。ノウサギは道のまんなかに倒れていた丸太の下に隠れて、娘が丸太をまたごうと足を上げたときに、その陰部を覗き見て、非常に不躾な冗談を言います。娘は腹を立ててノウサギを杖で打ち、その鼻を割ってしまいます。こういうわけで、ウサギ科の動物は現在、鼻と上唇が割れており、ウサギとノウサギのこの解剖学上の特徴のゆえに、人間についても〝兎唇〟と呼ぶのです。

言いかえると、姉娘は動物の体を割りはじめます。もしその割れ目が最後まで続くなら——つまり、鼻にとどまらず、体を通って尾まで割れ目がつづくなら——姉娘は一頭の動物を双生児に転化することになったはずです。つまり、双方とも全体の半分なのですから、完全に相似もしくは合同の二つの胴体です。この点については、アメリカ全土のインディアンたちが、双生児の起源についてどのような観念を抱いているかを見出さねばなりません。そして私たちが見つけた一般的な考え方によると、双生児ができるのは、のちには固まって子供となるはずの体液が胎内で割れてしまうからだ、とされます。たとえば北米のあるインディアンたちの所では、妊婦が横になって眠るとき、急激に寝返りを打ってはいけない、もしそうすれば、体液が二つに分かれて双生児が生まれるから、と言っています。

ここでまたもう一つ、ヴァンクーヴァー島のクワキウトル・インディアンたちの神話をあげておかねばなりません。兎唇だというのでみなから嫌われている小娘の話です。超自然的存在である人喰い女の鬼が現われて、兎唇の小娘も含めて子どもたちをみなさらってゆきます。鬼は家へもって帰って食べるために、子どもたちみなを籠のなかに入れます。一番最初につかまった小娘が籠の底になり、海岸で拾っておいた貝殻で籠に裂け目をつけることに成功します。鬼は籠を背負っているので、小娘は籠から抜け落ちて一番に逃げ去ります。娘は足から先に抜け出したのです。

この兎唇の娘の位置は、いまさき述べた神話のなかのノウサギの位置とまったく対称をなします。ノウサギは通り道をふさぐ丸太の下に隠れて女主人公の下にうずくまっているのですから、この点では、あたかも彼女から生まれ、足から先に抜け出したのとまったく同じ位置にあります。このように、この神話全体を通して、一方では双生児、他方では足を先にした脱出あるいは比喩的に言ってそれと同じ位置とのあいだに事実上の関係があるのがわかります。私たちはアリアーガ神父がペルーの神話について述べる、双生児と逆児と兎唇とのあいだの関係から話をはじめたのでしたが、以上のことからそのつながりが明らかになります。

兎唇が双生児のはじまりと考えられている事実は、ある問題を解く手がかりとなります。それは、とくにカナダで研究している人類学者にとっては基本的な問題なのですが、なぜオジブワ・インディアンとアルゴンキン語系の他のいくつかの集団で、ノウサギが彼らの信ずる最高の神性として選ばれたか、という問題です。以前、いくつかの説明がなされました。ノウサギは彼らの日常の食事に必需のものではないにせよ重要な食料であったとか、ノウサギはたいそう速く走るからインディアンたちがもつべき能力の手本であるとか、その他いろいろありました。しかし、そのどれも、あまり説得力はありません。でも、私が前に述べた解釈が正しいとすれば、こう言うほうがはるかに説得力があるように思われます。つまり、(1)齧歯類のなかでノウサギはもっとも大きく、もっとも目立ち、もっとも重要な動物ですから、齧歯類の代表としてとりあげられえます。(2)齧歯類の動物はすべて、部分的に割れ目をもつという解剖学的特徴によって、双生児のはじめとなります。

母親の子宮に二人かそれ以上の子どもがいると、神話では一般に非常に重大な結果を生じます。二人いるだけでも、子どもたちは争いはじめ、先に生まれるという名誉を得るために競います。そうして悪い子どもは、早く生まれるために、ためらうことなくいわば近道をします。自然の道をたどるかわりに、母の体に裂け目を作り、そこから逃れ出るのです。

これが逆児を双生児と同一視することの一つの説明だと思います。双生児の場合に、子どもの一人が先に生まれようと競って急ぐあまりに母親を傷つけることになるからです。双生児や逆児として生まれることは、ともに危険な脱出、あるいは英雄的と言ってもよい脱出の前ぶれです。その子どもがのちに、脱出を主導して一種の英雄になるからです。英雄はときには残忍な殺害者になることもあります。しかしともかく一大事業をなしとげるのです。これで、双生児や逆児を殺していた部族がある理由もわかります。

ほんとうに重要な点は、アメリカ全土の神話、さらに世界中の神話に、天上の力と下に住む人間との仲介者の役を演ずる神々あるいは超自然的存在が見出されることです。それはいろいろな形で現われます。たとえばメシア型の人物もありますし、天上界の双生児もあります。そして、アルゴンキン族の神話の中のノウサギの位置は、まさにメシアすなわち唯一の仲介者の型と、天上界の双生児の型との中間にあるのです。ノウサギは双生児ではないけれども、双生児のはじまりです。まだ完全な一個体ではあるけれども、唇が裂けて双生児になりかけています。

この神話において神としてのノウサギがもつ両義的性質は注釈家たちや人類学者たちを悩ませてきましたが、その理由もこれでわかります。ノウサギは、あるときは宇宙を秩序づける役割を受けもつ非常に賢い神であり、またあるときにはつぎからつぎへと災難に出会う滑稽な道化です。アルゴンキン・インディアンがノウサギを選んだ理由を、（a）人類に利益をもたらす唯一の神、（b）一方は善で他方は悪である双生児、という二つの条件の中間にある一個体として説明するならば、これまた、もっともよく理解できるでしょう。まだすっかり二つに分けられず、まだ双生児にならず、二つの対立した特徴が同一人物中に合体しているのです。

第四講　神話が歴史になるとき

質問

調査者がいるだけで調査対象が変化してしまうという古くからの問題があります。神話集を見るとき思うのですが、それらの物語は、それ自体に意味と秩序があるのでしょうか。それとも、物語を集めた人類学者が秩序を押しつけたのでしょうか。

神話的思考による物事の把握の方法と歴史によるそれの相違はどこにありますか。物語を神話的に語るとは、歴史的事実を取り上げ、それを変形し、別の方法で用いるということになるのでしょうか。

神話の意味と秩序というテーマは、神話学者に二つの問題を提起します。一つは非常に重要な理論上の問題です。南北両アメリカの出版物を見ても、また世界のどこで出版されたものを見ても、神話には異なる二種類の資料があるように見えるのです。人類学者たちの集めた神話は、ときには、程度の差こそあれ、いわばぼろぼろのつぎはぎ細工のようなもので、つながりのない物語が相互に明瞭な関係なしにつぎからつぎへと続きます。他方では、ブリティッシュ・コロンビアのボーペス地域のように、非常に筋の通った神話物語があって、話はいくつかの章に分けられ、それがまことに論理的な順序でつながってゆきます。

そこで疑問が起こります。神話の収集とは何を意味するのでしょうか。これには二つの異なる答えがありそうです。一方には、たとえばサーガなどのように、首尾一貫した秩序のあるのが本来の状態で、神話がつながりのないばらばらの要素のように見えるなら、それは退化と分解の過程を経た結果であり、以前には意味のあるまとまりをなしていたものが、いまわれわれが見るときは、散乱した断片になってしまっているのだとする考え方があります。しかし他方では、脈絡のない状態がもともとの姿であって、神話が順序よく並んでいるのは、それを語り伝えた民族の賢者や智者がしたことだ、と仮定することもできるでしょう。そして、このような賢者・智者はどの社会にもいるわけではなく、ある種のタイプのいくつかの社会にだけいたのだと考えるのです。たとえば聖書については、まさにその問題があるのです。生《なま》の素材はばらばらの要素であったものを、学問のある智者たちがちゃんと並べて連続した物語にしたらしいからです。人類学の対象となる無文字民族の場合でも、聖書と同じ状況であるのか、それとも完全に異なっているのかをはっきりさせるのは、非常に重要なことでしょう。

第二の問題は、やはり理論に関するものではありますが、実践的性質がより強い問題です。以前は——つまり十九世紀末や二十世紀初頭においては、神話の素材を集めたのはほとんど人類学者たちでした。すなわちそれは、外部の人間だったのです。もちろん多くの場合、そしてとくにカナダでは、先住民の協力者がありました。たとえば、フランツ・ボーアズにはクワキウトル族の助手、ジョージ・ハントがいました（実は彼は純粋のクワキウトル族ではありません。スコットランド人の父とトリンギット族の母から生まれたのですが、クワキウトル族のもとで育てられ、そこで結婚し、その文化がすっかり自分のものになっていました)。チムシアン族については、ボーアズは字の読めるチムシアン族の男、ヘンリー・テイトを使い、マリユス・バルボーも、これまたチムシアン族で字の読めるウィリアム・ベニヨンを使っていました。このように先住民の協力が最初から得られていたのですが、それにもかかわらず、実のところは、ハント、テイト、ベニヨンたちは人類学者の指導のもとに仕事をしたのであり、つまり、彼ら自身が人類学者に変わっていたのです。もとより彼らは最良の伝説、つまり自分自身の氏族や系族(リネージ)に属する伝承を知っていたのですが、また他の家族や他の氏族などから資料を集めることにも同じように興味をもちました。

ボーアズとテイトによる『チムシアン族神話』や、ハントが収集し、ボーアズが編集・発行・翻訳したクワキウトル族のテキストのような、インディアンの神話の巨大な集大成を見ると、多少の相違はあっても、資料がどれも同じように編集されているのがわかります。それは人類学者が勧めた整理法だったのです。たとえば、はじめに宇宙論と天地開闢の神話があり、そのあとに、ずっとあとに、伝説や家族の歴史と見なされるものが置かれます。

人類学者によってはじめられたこの作業は、今日ではインディアンたちが自分で行なうようになりました。それにはさまざまな目的があります。たとえば、インディアンの子どもたちの小学校で自分たちのことばと神話を教えるためです。それがいまのところ非常に大事だということはわかります。またもう一つの目的は、白人に対する要求――領土返還の要求や政治的要求など――を正当化するのに伝承を使うためです。

ですから、外部から集められた伝承と、あたかも外部から集められたようにしてあっても実際は内部で集められた伝承とのあいだに相違があるかどうか、そして、もしあれば、それがどのような種類の相違であるのかを見つけるのは非常に大切なことです。カナダは幸いだと言わねばなりません。インディアンの専門家によって、自分たちの神話と伝説についての本が編集され、出版されてきたのですから。それは早くから行なわれました。ポーリーヌ・ジョンソンによる『ヴァンクーヴァーの伝説』は第一次世界大戦の前に出ています。のちにはマリユス・バルボーの本が数冊あります。バルボーはもちろんインディアンではないのですが、歴史的あるいは半歴史的な素材を集めて、彼自身が自分がインフォーマントとして使っているインディアンの代弁者になろうと努めました。彼はインディアン神話の、いわば彼自身の伝承を作り出したのです。

よりおもしろいのは、はるかにおもしろいのは、たとえば一九六二年にキティマットで出版された『メディークの人びと』のような本です。それはおそらく、スキーナ川中部のチムシアン族の首長であるウォルター・ライトの語ったことを逐語的に記録したものと考えられます。誰か白人のフィールド・ワーカーで、専門家でない人によって収集されたようです。また、さらに重要なのは、これはチムシアン族の首長であるケネス・ハリスが一九七四年に自分自身で出版した新しい本です。

こうしてこの種の材料を用いれば、人類学者によって収集された資料と、インディアンたちによって直接、収集され出版された資料とを比較することによって、一種の実験をすることができます。ほんとうは「収集された」などと言うべきではないのかもしれません。あとの二冊の本に記されているのは、いくつかの家族、いくつかの氏族、いくつかの系族（リネージ）から集めてきた伝承をまとめて並べたものではなくて、一家族あるいは一氏族の歴史であり、しかもその子孫の一人によって出版されているのですから。

問題はどこで神話が終わり、どこで歴史がはじまるかという点です。私たちにとってはまったく新しいケースですが、記録のない歴史の場合には、もちろん書かれた資料はありません。単に口頭伝承があるだけで、それが同時に歴史だとされているのです。さて、この二つの歴史、すなわち一方はスキーナ川中流地方でライト首長から収録したもの、他方はスキーナ川上流のヘイズルトン地域の一家族の話をハリス首長が書きとめて出版したもの、それを比較すると、類似点も相違点も見られます。ライト首長の話には、無秩序の起源とも呼ぶべきものがあります。世のはじまりののち、ある氏族、系族、系族群が、なぜたくさんの苦難に打ち勝ったか、どのように成功の時間と失敗の時間を経験し、そして徐々に破局へ導かれてきたかを説明するのが物語全体の目的です。それは極度に悲観的な物語です。ほんとうに没落の歴史です。

　ところがハリス首長の場合には、展望がまったく異なります。なぜかと言うと、この本は社会秩序の起源を説明することに主な狙いがあるからです。その秩序は、歴史に属する過去の社会秩序であるとともに、いまもなおいくつかの名前、称号、特権などに残っている秩序です。家族や氏族で重要な地位を占めるある個人が、相続によってそういう称号などを身に集めています。ですから、通時的に継起するできごとが現在のスクリーンに同時に投影され、できごとの一つ一つが現存の共時的秩序を再構成しているようなものです。特定の個人のもつ名前と特権の一覧表によって、その秩序を説明するのです。

　どちらの物語もどちらの本もたしかに魅力的で、文学的に言っても立派な作品です。しかし人類学者にとってもっとも興味のある点は、その物語が私たちの歴史とは大幅に異なる種類の歴史の特徴を明瞭に示してくれることです。私たちが書く歴史は、事実上完全に、書かれた資料に基づいていますが、この二つの歴史では明らかに、書かれた資料はありません。あるとしてもごくわずかです。両者の比較を試みて驚くのは、どちらも神話時代あるいは歴史時代——どちらかわかりませんが、将来おそらく考古学が判定してくれるでしょう——のある時期、つまり、スキーナ川上流で、現在ではヘイズルトンとなっている所の近くに、バルボーがテンラハムとその名を表記した大きい町があった時期についての話、および、そこで起こったことの話からはじまっていることです。実際上はどちらの本も同じ物語で、その都市が破壊されたこと、生き残った人びとが移動をしたこと、スキーナ川にそって困難な徒歩行をはじめたことを説明しています。

もとより、これは歴史的事件だったかもしれません。しかし、どんなふうに説明されているかを入念に調べてみると、事件の型は同じでも、細部はすっかり同じではないのがわかります。たとえば、この物語では、最初に二つの村あるいは二つの町のあいだに姦通に端を発した戦いがあります。しかし話は伝承によって異なり、夫が妻の恋人を殺すことになっていたり、兄たちが妹の恋人を殺すことになっていたり、あるいは、夫が恋人をもった妻を殺すことになったりします。ですから、ごらんのとおり、ここには説明のための細胞はあります。その基本的構造は同じですが、細胞の内容は同じではなく変化します。そういうわけで、これは一種の〝ミニ神話〟と言えましょう。ごく短く、非常に圧縮されているのですから。それでもやはり神話の特性を備えており、いくつもの異なる変換のかげにその特性を見わけることができます。ある要素が変換されると、他の要素もそれに従って再調整されねばなりません。私がまず興味を抱くのは、これら氏族伝説のもつこの面です。

第二の面は、これらの物語が高度の反復性をもつことです。同じ型のできごとが異なる事件の説明のために何回も用いられます。たとえば、驚くことに、ライト首長のある特定の伝承とハリス首長のある特定の伝承とに類似の事件がありますが、それらは同じ地点で起こるのではなく、同じ人びとに関するのでもなく、おそらく同じ時期に起こったのでもありません。

これらの本を読んでいて気づくのは、対立――私たちがよくやる神話と歴史とのあいだの単純な対立――が明瞭なものではなく、中間レヴェルがあることです。神話は静的なもので、同じ神話要素が何度もくりかえしくりかえし結び合わされます。しかしそれは閉鎖的体系のなかにあり、その点で歴史とは対照的です。歴史はもとより開放的体系ですから。

歴史の開放的性格が確保されているのは、神話細胞、あるいはもともと神話的であった説明のための細胞の並べ方、並べ替え方が無数にあるからです。歴史を見れば、同じ素材を使いつつも——というのは、素材はあらゆる集団、あらゆる氏族、あらゆる系族に共通の相続物、共通の遺産なのですから——それぞれの集団、氏族、系族などに独自の解釈を作り上げることが可能であるとわかります。

昔の人類学者の報告が人を迷わせる点は、数多くの異なる社会集団に属する伝承と信仰をごたまぜにしていることです。それに頼ると、神話資料の基本的性格を見失うおそれがあります。実際には、物語の形がいくつもあれば、それぞれが特定の集団、特定の家族、特定の系族、特定の氏族に属し、その運命の幸不幸を説明しようと試み、あるいは現在の諸権利と特権を説明しようとし、また消失してしまった権利の回復の要求を正当化しようと企てているのです。

私たちが科学的な歴史を作り出そうとするとき、ほんとうに何か科学的なことをしているのでしょうか。それとも、純粋な歴史を作ろうと試みながら、実は私たちも、私たち自身の神話に乗っかったままでいるのでしょうか。北米でも南米でも、また世界中のどこにでもあることですが、自分の集団の神話や伝説の一つの形を権利や遺産として継承している人がいるとします。その人が別の家族または別の氏族、系族に属する誰かから、自分の伝承とある点では類似しているが、ある点では極端に異なる別の伝承を聞かされたとします。そのときに、どのような反応を示すでしょうか。これに注目するのは非常に興味深いことです。さて、二つの話が同じでないのなら、どちらも真実であるということはありえない、と私たちは考えるでしょう。ところが必ずしもそうではなくて、一方の話が他方より優れているとか、より正確だと見なされるという区別だけはつけるものの、どちらの話も真実として受け入れられている場合もあるのです。また、二つの話の相違が相違と気づかれぬまま、どちらも同じように正しいと見なされている場合もあります。

歴史の説明が歴史家によって異なっているとき、私たちが置かれる状況は、いま述べた神話の伝承がいくつもある場合とまったく同じなのですが、私たちはそのことにいつもは少しも気がつきません。私たちは基本的類似点に注目するだけで、歴史家が史料をどのように彫り込むか、どのように解釈するかによって出てくるちがいは重大視しないのです。ですから、アメリカ革命とか、カナダでの仏英戦争とか、フランス革命といった事件について、知的伝統や政治的傾向が異なるために歴史家の説明が二つに分かれていたとしても、その述べるところがまったく同じではないからといって、私たちはそれほどショックは受けません。

このようなわけで、私の印象では、現代のインディアンの著述家たちがみずからの過去を示そうとして書くこの歴史——広い意味での歴史を入念に研究するならば、そもそも歴史学とは何かがよくわかるようになると思います。その歴史をでたらめな話と見なしてはいけないのです。歴史のなかに出てくる村落址を掘り出してみるというように考古学の発掘調査の助けを借りてきわめて注意深い検討を試み、またあい異なる記述のあいだにできる限り対応関係を立てるように努め、そして何がほんとうに一致し何が一致しないのかを明らかにしようと努力するならば、最後には私たちは、歴史学なるものの実相がよりよく理解できるようになるでしょう。

私たちの社会では、神話に代わって歴史がそれと同じ機能をはたしているのだと言ってしまっても、それは私の信ずるところをあまりはずれておりません。文字や古文書をもたない社会においては、神話の目的とは、未来が現在と過去に対してできる限り忠実であること――完全に同じであることは明らかに不可能ですが――の保証なのです。ところが私たちは、未来はつねに現在とは異なるものであるべきだ、またますます異なったものになってゆくべきだ、と考えます。そして、どのような相違を考えるかは、ある範囲までは、もちろん私たちの政治的傾向によって左右されます。私たちの心のなかで、神話と歴史のあいだにはある断絶が存在します。しかしながらこの断絶は、歴史の研究によっておそらく打ち破られるでしょう。ただしそれは、歴史を神話から切り離されたものとは見なさず、神話の延長として研究することによって可能になるのです。

神話と音楽

第五講　神話と音楽

質　問

神話と音楽との関係を一般的にお話しいただけますか。

神話と音楽は、ともに言語から発するものであるが、展開の方向が異なるのだと言われましたが、それはどういう意味ですか。

神話と音楽の結びつきのことは、『神話論』の第一巻『生のものと火にかけたもの』の最初の部分と、第四巻『裸の人』の最後の部分で強調しましたが、それはおそらく、もっとも多くの誤解を招くもとになった点でありましょう。誤解はフランスにもありましたけれども、英語圏でとくに大きかったのです。つまり、神話と音楽の結びつきは、まったく気まぐれな思いつきだと考えられたのでした。しかし私の感ずるところは反対でした。結びつきはあります。それもただ一つでなくて、異なる二種の結びつきがあるのです。一つは類似関係、もう一つは隣接関係です。そして結局のところ、この両者は同じことなのです。しかし私も、そのことがすぐわかったのではありません。最初に私が気づいたのは類似関係のほうでした。それをこれから説明いたしましょう。

類似の面を述べますと、神話は音楽の総譜とまったく同様、一つの連続的シークェンスとして理解することは不可能だというのが私の主要な論点です。小説や新聞記事を読むように、一行一行、左から右へと読もうとしたのでは、神話は理解ができないと気づかねばなりません。神話は一つの全体的まとまりとして把握しなければならないのです。また神話の基本的な意味は、ひとつづきに連なるできごとによって表わされているのではなくて、いわば〝できごとの束〟によって表わされていること、しかもそれらのできごとは物語の別々の時期に起こったりもすることをはっきりさせる必要があります。したがって神話は、多かれ少なかれ、オーケストラの総譜と同じような読み方をしなければなりません。つまり一段一段ではなく、頁全体を把握することが必要です。頁の上の第一段に書かれていることが、それより下の第二段、第三段などに書かれていることの一部分だと考えてはじめて意味をもちうるのだ、ということを理解しなければなりません。つまり、左から右へ読むだけではなくて、同時に垂直に、上から下にも読まねばならないのです。各頁が一つのまとまりであることを理解する必要があります。段を重ねて書いてあるオーケストラの総譜のように神話を扱ってはじめて、それを一つのまとまりとして理解でき、神話の意味を引き出すことができます。

どのようにして、またなぜ、こういう事態になるのでしょうか。意味のある手がかりを与えるのは第二の面、つまり隣接関係の面であるように思われます。事実、神話のモデルによって作られていた「物語」に代わる最初の「小説」が登場したのは、神話的思考が——消滅したとは申しませんが——ルネサンスと十七世紀の西洋的思考法の背後にかくれたところのことでした。ところがまさにそのときに、これまでになかった十七世紀の、そしてとくに十八・十九世紀の、新しい重要な音楽様式が出現したのです。

それはあたかも、音楽が伝統的な形を完全に変えて、その同じ時期に神話思考が放棄しかけていた機能――知的であるとともに情的でもある機能――をひきつごうとしたかのようでした。ここで私が音楽と言うとき、もちろんその用語の意味を限定しなければなりません。長らく神話がはたしてきた機能を音楽がひきついだというのは、どの種類の音楽にもあてはまるわけではありません。それは十七世紀はじめのフレスコバルディや十八世紀はじめのバッハとともに西欧文明に現われた音楽、十八・十九世紀のモーツァルト、ベートーヴェン、ワグナーによって花開くにいたった音楽のことです。

いま申し上げたことを明らかにするために、具体的な例として、ワグナーの四部作『ニーベルングの指輪』をあげましょう。この四部作でもっとも重要な音楽テーマの一つとして、われわれが「愛の断念のテーマ」と呼んでいるものがあります。

ごぞんじのように、このテーマが最初に現われるのは『ラインの黄金』のなかで、アルベリヒにラインの乙女たちが、人間の愛をすべてあきらめなければ黄金をかちとることはできないのだ、と告げるときです。そしてこの非常に目立つ音楽のモチーフは、アルベリヒが、自分は黄金を取り、決定的に愛を断念すると述べる瞬間に、その印《しるし》として出てきます。これはすべて、まことに簡単明瞭です。このテーマを文字どおりの意味にとればよいので、アルベリヒはまさにそのとき、愛を断念するのです。

さてこのテーマがよく目立つ形で現われるつぎの重要な瞬間は、『ワルキューレ』のなかです。ところがそれは、このテーマの出てくる理由が非常にわかりにくい状況です。ジークムントは木の幹に突きささっていた剣を引き抜くことになるのですが、彼はその剣のおかげでジークリンデが自分の妹であることを知り、彼女との恋に落ちます。まさにその瞬間、まさに近親相姦的関係がはじまろうとする瞬間に、さきの愛の断念のテーマが出てくるのです。これは謎めいています。そのときジークムントはちっとも愛を断念しようとはしていないのですから。ジークムントはまったく反対のことをしているのであり、生まれてはじめて自分の妹ジークリンデとの愛を知るのです。

三度目にこのテーマが現われるのも『ワルキューレ』です。その最後の幕で、神々の王であるウォータンが娘ブリュンヒルデを長い魔法の眠りにつかせ、焔で囲む場面です。ウォータンは自分の娘への愛をあきらめるのですから、これも愛の断念だと考えることはできましょう。しかし、あまり説得力のある説明ではありません。

こう見てくると、音楽でも問題は神話とまったく同じであることがおわかりでしょう。つまり、あるテーマがあって――ここでは神話のテーマではなくて音楽のテーマです――それが長い長い物語のなかで別々に三度出てくるのです。一度は冒頭に、つぎはまんなかに、そしてそのつぎは終わりに――話を簡単にするために『指輪』のはじめの二つの楽劇に限るとしてのことですが。このテーマがふしぎに何度も現われるのを理解する唯一の道は、一見したところ非常にちがって見えるこの三つのできごとをひとまとめにして、積み重ね、一つの同じできごととして扱うことができるのではないかと探究してみることです。これが私の申し上げたいことなのです。

さて、この三つの場合に共通して認められることがあります。いずれも何か非常に大切なものがあって、それと結びついているものから取り上げたり、無理に引き離したりしなければなりません。それはラインの淵に沈む黄金であり、生命の木あるいは宇宙の木ともいうべき象徴的な木の幹に突きさされた剣であり、また焔のなかから救い出さねばならぬ女性ブリュンヒルデです。したがって、テーマの反復は、黄金と剣とブリュンヒルデとが実は同一のものであることを暗示しているのです。黄金は権力を獲得する手段であり、剣は愛を征服する手段であると言ってもよいでしょう。そして、黄金と剣と女性とのあいだに一体性があるということは、実のところ、『神々の黄昏』の最終部で、なぜブリュンヒルデを通して黄金がラインに戻るのかという疑問に対する最上の説明になります。それらは同一のものだったのであり、それを異なった角度から見ていただけなのです。

これによって非常にはっきりする点が、この物語にはほかにもいろいろあります。

たとえば、アルベリヒは愛を断念するのですが、のちに黄金のおかげで女性の愛を得ることができ、ハーゲンという息子が生まれます。ジークムントは剣を獲得したおかげで、同じように息子を得て、それがジークフリートとなります。このように、同じテーマの反復は、詩のことばでは少しも説明されていない何かを、つまり好悪のハーゲンと英雄ジークフリートとが双生児のような関係にあることを示しています。二人は非常に密接な平行関係にあるのです。これはまた、ジークフリートとハーゲンが——というよりむしろ、まずジークフリートが自分自身で、つぎにハーゲンに姿を変えて——物語のなかで別々のときにブリュンヒルデを征服することがなぜ起こるのか、という理由の説明にもなります。

このような話は、いくらでもつづけることができます。しかしおそらく、以上の例で、神話の分析と音楽の理解との方法の類似を説明するには十分でしょう。私たちが音楽を聞くとき、結局のところそれは、はじめから終わりまでつづき、時間のなかに展開してゆく何かを聞いているのです。交響曲を聞いてごらんなさい。交響曲にははじめとまんなかと終わりがあります。しかし、それにもかかわらず、私は各瞬間に、前に聞いたものといま聞いたものをまとめ合わせ、音楽の全体性を意識する状態を維持しています。もしそれができないとすれば、交響曲はまったく理解できませんし、そこから音楽の喜びなどは少しも得られないでしょう。またたとえば「主題と変奏」という音楽形式を考えてみても、最初に聞いた主題（テーマ）を心にとどめつつ変奏のそれぞれを聞くことによって、はじめてその曲を鑑賞することができるのです。また変奏のそれぞれが独自の趣きをもつのは、みなさんが無意識にそれを、先立つ変奏に重ねてみるからです。

このように、音楽を聞く人の心にも、神話の物語を聞く人の心にも、たえず一種の再構成が行なわれます。しかもそれは、全体的に似ているだけではありません。音楽にはいろいろな特定の形式がありますが、それについても、音楽がそれらの形式を作り出したとき、神話のレヴェルですでに存在していた構造を再発見しただけだと言ってもよいくらい似ているのです。

たとえば、バッハの時代に形をととのえたフーガ形式は、ある種の神話、つまり二人の人物ないし二群の人物が登場するような神話の進み方に驚くほどそっくりそのままの表現です。少し単純化しすぎですが、かりに一方は善で他方は悪としておきましょう。神話のくりひろげる物語は、一方のグループが他方から逃げ出そうとする話です。ですから、一つのグループがもう一方を追跡することになり、ときにはAグループがBグループに追いつき、ときにはBグループが逃げ出す――すべて遁走曲（フーガ）そのものです。そこにはフランス語で le sujet et la réponse（主唱と答唱）と呼ぶものがあります。交唱が物語を通じてつづき、ついには両グループがほとんど一つに混ざり合います。それはフーガのストレッタに相当するものです。つぎに、神話のはじめからずっと対立してきた二原理の統合によって、この葛藤の最終的解決ないしクライマックスがもたらされます。それは、上の力と下の力、天と地、太陽と地下の力、などの争いの解決です。統合という神話での解決の構造は、音楽において和音が解決し曲をしめくくるのとよく似ています。和音も両極を統合に導き、決定的に結び合わせるからです。そのほか、ソナタ、シンフォニー、ロンド、トッカータなど、いろいろな音楽形式と同じような構成をもつ神話や神話群があることを明らかにすることもできるでしょう。それらの形式は、実は音楽がほんとうに作り出したのではなく、無意識のうちに神話の構造から借りたものなのです。

ここでちょっとお話しておきたいことがあります。『生のものと火にかけたもの』を執筆していたとき、その本の各部にそれぞれ音楽形式の特徴を与え、ある部分には「ソナタ」、別の部分には「ロンド」などという題をつけることに決めました。ところが、構造はよくわかるのですが、その構造に対応する音楽形式の見あたらない神話がありました。そこで友人の作曲家ルネ・レボヴィッツを呼び、私のかかえている問題を説明しました。私は彼にその神話の構造を語りました。それは、最初はまったく別の二つの物語で、見たところ相互に何の関連もないのですが、徐々にもつれあい溶け合って、最後には一つのテーマだけになってしまうのです。こんな構造の楽曲をどのように呼んだらいいのでしょうか。彼はじっくりと考えたうえで、自分の知る限り、音楽史のどこにもそんな構造をもった楽曲はないと答えました。ですから、それには名前がありません。しかし、このような構造の曲は当然あってもよさそうでした。それでレボヴィッツは、私が説明した神話の構造を借用して作曲し、数週間後にその譜面を送ってきてくれたのです。

さて、音楽と言語とのあいだの比較は気をつけねばなりません。ある範囲ではごく密接でありながら、同時に、驚くほどの相違があるからです。たとえば、現代の言語学者たちは言語の基本的要素は音素だと言っています。音楽とは――不正確ながらおおざっぱに言えば――アルファベットの文字で表わされる個々の音です。それ自体には意味がありませんが、それを組み合わせて意味の弁別をすることができます。ド・レ・ミ・ファなど、音楽に用いられる一つ一つの音それ自体には意味がありません。それはただの一楽音です。それらの楽音の組み合わせによってはじめて、私たちは音楽を作り出すことができるのです。したがって、言語の基本的素材としての〝音素〟(phoneme フォネーム)と同じようなものが音楽にもあると言ってさしつかえないでしょう。フランス語では sonème(ソネーム)と名づけてもよいと思います。英語なら、多分 toneme というところでしょう。これが類似点です。

しかし言語では、つぎのレヴェルでは〝音素〟が組み合わせられて〝語〟になり、さらに語が組み合わせられて〝文〟になります。ところが音楽には〝語〟に相当するものがありません。基本的素材である音を組み合わせると、いきなり言語の

〃文〃にあたるもの、すなわちフレーズ（楽句）になります。したがって、言語では音素の組み合わせが語に、語の組み合わせが文になるという三つのはっきりしたレヴェルがあるのに対し、音楽では、論理点観点から言えば言語の音素にあたるものとして音符で表わされる個々の音があり、語に相当するレヴェルがなくて、直接に文のレヴェルに移ります。

このように考えると、神話は音楽と言語の両者に比べうることになります。ただしつぎの相違点があります。すなわち、神話には音素がなくて、もっとも下位の単位は語です。したがって、言語を一つのパラダイムと考えるとすれば、そのパラダイムは第一に音素、第二に語、第三に文によって構成されていることになります。音楽では音素に相当するものと文に相当するものがありますが、語にあたるものはありません。神話では語に相当するものと文に相当するものがあって、音素にあたるものはありません。ですから、どちらの場合にも、レヴェルが一つ欠けていることになります。

言語、神話、音楽の関係を理解しようとすれば、どうしても言語を出発点にしなければなりません。そうすれば、音楽も神話もともに言語から発するものでありながら、それが別々の方向に分かれて生長しているのだということがわかります。また、音楽は音の面を強調しますが、それがもともと言語に根ざしたものであること、それに対して神話は意味の面を強調しますが、これまた言語に根ざすものであるということも明らかになります。

言語は一方では音、他方では意味という不可分の要素から成り立っていることを示してくれたのは、フェルディナン・ド・ソシュールでした。また私の友人ロマーン・ヤーコブソンは、この分離できぬ言語の二面をタイトルにして『音と意味についての六章』（花輪光訳、みすず書房）という小さな本を最近出しています。音があり、その音が意味をもつ、そしていかなる意味もそれを表現するための音なくしては存在しえないのです。音楽では音の要素、神話は意味の要素が優勢になります。

私は子どものころからずっと、作曲家になろう、さもなくば、少なくともオーケストラの指揮者になろうと夢みていました。子どものとき、オペラを作曲しようとたいへん努力して、その台本を書いたり、舞台装置を画いたりしたこともあります。

しかし結局のところ、私の頭には何か欠けているものがあって、作曲家にはなれませんでした。音楽と数学だけは真に天賦の才能が必要で、どちらをするにも先天的に何か特別な器官をもたねばならないと思います。戦争中に亡命者としてニューヨークに住んでいたとき、フランスの大作曲家ダリユス・ミヨーと一度食事をともにしたことがあり、いまもそのときのことをよく覚えています。「自分は作曲家になるという自覚を、いつからもたれましたか」と私は尋ねました。ミヨーはこう説明してくれました。彼が子どもだったころのことです。ベッドのなかで少しずつ眠りに落ちようとしているとき、ある音楽が聞こえてきて、彼はそれに耳を傾けました。しかしそれは、いままでに聞いたこともないような音楽でした。ミヨーはのちになって、それがすでに自分で作った音楽だったことに気づいた、と言うのです。

音楽と神話とは、いわば、言語から生まれた二人姉妹のようなものですが、別々に引き離され、それぞれ異なる方向に進んでいます。ちょうど神話の人物のように、一方は北へ、他方は南へと進んで行って、二度と会うことはありません。そういう事実に気がついてみますと、音を用いて作曲することは私にはできなかったけれども、もしかしたら、意味を用いてそれをすることはできるかもしれないと思ったのです。

私がここで取り出して見せようとした神話と音楽の平行関係は、私の気のつく限りでは、ここ数世紀のあいだに発達した西洋音楽だけにあてはまることです（これはすでに申したことですが、もう一度強調しておきたいと思います）。ところで、いま私たちが眼前に見る状況は、論理的観点に立つと、かつて神話が文学のジャンルとして消滅し、小説がそれにとって代わったときの状況に酷似しています。私たちの見ている前で、こんどは小説が消滅しようとしています。そして、十八世紀に神話の構造と機能を音楽がひきついだときに起こった事態が、いまふたたび起こりつつあるのかもしれません。つまり、ジャンルとしての小説が文学の舞台から姿を消しかけている現在、いわゆるセリー音楽がそれを継承したのかもしれないのです。

訳者あとがき

クロード・レヴィ＝ストロースは一九七七年十二月に、ＣＢＣ（カナダ）のラジオ放送で、神話についての連続講話を行なった。原書の出版者は、これについて「十七世紀に科学が出現して以来、神話は迷信に満ちた未開心性の産物として排斥されてきた。人類の歴史における神話の本性と役割が充分に評価されるにいたったのは最近のことにすぎない。著名な人類学者クロード・レヴィ＝ストロースは、生涯をかけて、神話の解釈と、それが人間理解に対してもつ意義の解明に努めてきたが、五回にわたるこの講話は、その探究のなかで得た考察を述べたものである」と説明している。

右にあるとおり、本書は神話的思考の本性と役割、神話研究の意義や方法について基本的な考え方を平易に解説しているので、『野生の思考』や『神話論』四部作への恰好の手引となろう。

レヴィ＝ストロースの神話研究は〝構造分析〟として、人類学や神話論の分野のみならず文学作品の解釈にまで大きな反響を呼んだが、もともとそれは、伝統的に誤解蔑視されてきた無文字文化の理解から人間精神の普遍性に迫る大きな主題の一環であって、『親族の基本構造』や『野生の思考』の考察の上に成り立っているものであることを忘れてはならない。神話研究の方法論も、文化全体のなかでの神話の意義、神話的思考のはたらき方に即したものとして構想されており、その理解にはやはりすべてのレヴェルを見通す展望が必要である。単なる分析技術であるかのように論ずることは正しくない。この連続講話は一般向きのものではあるが、刊行された著作に対する読者の反応や疑問を意識しつつその展望を述べているので、レヴィ＝ストロースを読みなれた人にも有益であると思う。

講話とは言うものの、この放送は、ＣＢＣパリ支局のプロデューサー、カロル・オア・ジェロームとの長い対談を編集したものである。主要質問事項は各講話のはじめにまとめて掲げてある。

大橋 保夫

参考文献

A. レヴィ＝ストロースの主要著作（英語訳されたもの）

Mythologiques（*Introduction to a Science of Mythology*）. 4 vols. Trans. John and Doreen Weightman. New York, 1969-1982.

Structural Anthropology. Trans. Claire Jacobson and Brooke Grundfest Schoepf. Harmondsworth, 1963.（『構造人類学』川田順造・荒川幾男・生松敬三他訳，みすず書房，1972）

Tristes Tropiques. Trans. John and Doreen Weightman. London, 1973.（『悲しき熱帯』川田順造訳，中央公論社，1977）

B. 主要参考文献（構造主義者の著作を含む）

Bonnefoy, Yves. *Dictionnaire des Mythologies et des Religions des Sociétés Traditionnelles et du Monde Antique.* 2 vols. Paris, 1981. English edition : *Mythologies.* Ed. Wendy Doniger. Chicago, 1991.

Dundes, Alan. *Sacred Narrative.* Berkeley, 1984.

Leach, Edmund. *The Structural Study of Myth and Totemism.* London, 1967.

Lessa, William A., and Evon Z. Vogt. *Reader in Comparative Religion.* 4th ed. New York, 1979.

Middleton, John. *Myth and Cosmos : Readings in Mythology and Symbolism.* Austin, 1967.

C. レヴィ＝ストロースに関する，あるいはその影響をうけた著作・論文

Burridge, Kenelm. "Lévi-Strauss and Myth." In Edmund Leach, *The Structural Study of Myth and Totemism.* London, 1967.

Doniger, Wendy. "Structuralist Universals and Freudian Universals." *History of Religions* 28 : 3 (February 1989), pp. 267-81.

Douglas, Mary. *Implicit Meanings.* London, 1975. (Especially : "Do Dogs Laugh ?", "Deciphering a Meal," and "Animals in Lele Religious Thought."

——. "The Meaning of Myth, with Special Reference to 'La geste d'Asdiwal.'" In Leach, *The Structural Study of Myth and Totemism.*

——. *Natural Symbols.* London, 1970.（『象徴としての身体——コスモロジーの探求』江河徹・塚本利明・木下卓訳，紀伊國屋書店，1984）

——. *Purity and Danger.* London, 1966.（『汚穢と禁忌』塚本利明訳，思潮社，1985）

Dundes, Alan. *Analytic Essays in Folklore.* Mouton, 1975.

——. "Structuralism and Folklore." In Alan Dundes, ed., *Essays in Folkloristics*, pp. 178-206. Meerut : Folklore Institute, 1980.

Hammel, E. A. "The Myth of Structural Analysis : Lévi-Strauss and the Three Bears." *Addison Wesley Modules* 25 (1981).

Hawkes, Terence. *Structuralism and Semiotics.* Berkeley, 1977.（『構造主義と記号論』池上嘉彦他訳，紀伊國屋書店，1979）

Jorn, Asger, and Noël Arnaud. *La langue verte et la cuite.* Paris, 1968.

Leach, Edmund. "Anthropological Aspects of Language : Animal Categories and Verbal Abuse." In Lessa and Vogt, *Reader in Comparative Religion*, pp. 153-66.（「言語の人類学的側面——動物のカテゴリーと侮蔑語について」諏訪部仁訳，「現代思想」4-3，青土社，1976）

——. *Genesis as Myth, and Other Essays.* London, 1969.（『神話と

しての創世記』江河徹訳，紀伊國屋書店，1980)
——. "Lévi-Strauss in the Garden of Eden." *Transactions of the New York Academy of Science* 23 (1979).
——. "Two Essays Concerning the Symbolic Representation of Time." In Lessa and Vogt, *Reader in Comparative Religion*, pp. 221-28. (「時間の象徴的表情に関する二つのエッセイ」青木保訳，『人類学再考』青木保・井上兼行訳，思索社，1990，所収)
—— and Alan D. Aycock. *Structuralist Interpretations of Biblical Myth*. Cambridge, 1983. (『聖書の構造分析』鈴木聡訳，紀伊國屋書店，1984)
Needham, Rodney. "Blood, Thunder, and Mockery of Animals." In Middleton, *Myth and Cosmos: Readings in Mythology and Symbolism*.
——. *Right and Left*. Chicago, 1973.
O'Flaherty, Wendy Doniger. "Introduction: The Interpretation of Hindu Mythology." In O'Flaherty, *Asceticism and Eroticism in the Mythology of Siva*, pp. 1-39. London, 1973; New York, 1981.
Ortner, Sherry. "Is Female to Male as Nature Is to Culture?" In M. Rosaldo and L. Lamphere, eds., *Women, Culture, and Society*. Stanford, 1974. (「女性と男性の関係は，自然と文化の関係か？」三神弘子訳．エドウィン・アードナー，シェリ・B・オートナー『男が文化で，女は自然か？』山崎カヲル監訳，晶文社，1987，所収)
Patte, Daniel. *What Is Structural Exegesis?* Philadelphia, 1976.
Propp, Vladimir. *The Morphology of the Folktale*. 2nd ed. Introduction by Alan Dundes. Austin, 1968. (『昔話の形態学』北岡誠司・福田美智代訳，水声社，1987)
Sahlins, Marshall. "Raw Women and Cooked Men and Other 'Great Things' of the Fiji Islands." In Paula Brown and D. Tuzin, eds., *The Ethnography of Cannibalism*. Society of Psychological Anthropology, 1983.
Thomas, L. L., and J. J. Kronenfeld. "Asdiwal Crumbles: A Cri-

tique of Lévi-Straussian Myth Analysis." *American Ethnologist* 3 (1976), pp. 147-73.

Vogt, Evan Z., and Catherine C. Vogt, "Lévi-Strauss Among the Maya." In Lessa and Vogt, *Reader in Comparative Religion*, pp. 176-85.

Willis, R. G. "The Head and the Loins: Lévi-Strauss and Beyond." In Lessa and Vogt, *Reader in Comparative Religion*, pp. 197-206.

Yalman, Nur. "'The Raw: the Cooked:: Nature: Culture'—— Observations on *Le cru et le cuit*." In Leach, *The Structural Study of Myth and Totemism*, pp. 71-90.

本書は、一九九六年に「みすずライブラリー」の一冊として小社より刊行された。

著者略歴

(Claude Lévi-Strauss, 1908–2009)

ベルギーに生まれる．パリ大学卒業．1931 年，哲学教授資格を得る．1935-38 年，新設のサン・パウロ大学社会学教授として赴任，人類学の研究を始める．1941 年からニューヨークのニュー・スクール・フォー・ソーシャル・リサーチで文化人類学の研究に従事．1959 年コレージュ・ド・フランスの正教授となり，社会人類学の講座を創設．1982 年退官．アカデミー・フランセーズ会員．著書『親族の基本構造』（番町書房 1977-78，青弓社 2000）『人種と歴史』（みすず書房 1970）『悲しき熱帯』（中央公論社 1977）『構造人類学』（みすず書房 1972）『今日のトーテミスム』（みすず書房 1970）『野生の思考』（みすず書房 1976）『神話論理』（全 5 冊，みすず書房 2006-2010）『仮面の道』（新潮社 1977）『構造・神話・労働』（みすず書房 1979）『はるかなる視線』（みすず書房 1986，1988）『やきもち焼きの土器つくり』（みすず書房 1990）『遠近の回想』（共著，みすず書房 1991，増補新版 2008）『レヴィ＝ストロース講義――現代世界と人類学』（サイマル出版会 1988 を改題，平凡社ライブラリー 2005）『みる　きく　よむ』（みすず書房 2005）『大山猫の物語』（みすず書房 2016）『ブラジルへの郷愁』（みすず書房 1995，中央公論新社 2010）他．

訳者略歴

大橋保夫〈おおはし・やすお〉1929-1998．京都大学文学部仏学科卒業．京都大学名誉教授，名古屋外国語大学教授．著書　『フランス語とはどういう言語か』（共著，駿河台出版社 1993），訳書　マルンベリ『音声学』（白水社 1959）レヴィ＝ストロース『野生の思考』（みすず書房 1976），編書　レヴィ＝ストロース『構造・神話・労働』（みすず書房 1979）など．論文 「記号学的に見た自然言語――コード変換の基礎」（『年報社会心理学』1974）「ソスュールと日本――服部・時枝言語過程説論争の再検討」（『みすず』1973，8，9 月号）「メタフォールの考察」（『人文』1972）など．

クロード・レヴィ＝ストロース
神話と意味
大橋保夫訳

1996年12月16日　初　版第1刷発行
2016年11月22日　新装版第1刷発行
2024年 6 月21日　新装版第4刷発行

発行所 株式会社 みすず書房
〒113-0033 東京都文京区本郷2丁目20-7
電話 03-3814-0131(営業) 03-3815-9181(編集)
www.msz.co.jp

本文印刷所 三陽社
扉・表紙・カバー印刷所 リヒトプランニング
製本所 誠製本
装丁 安藤剛史

ISBN 978-4-622-08591-1
[しんわといみ]